y
Liderazgo Escolar

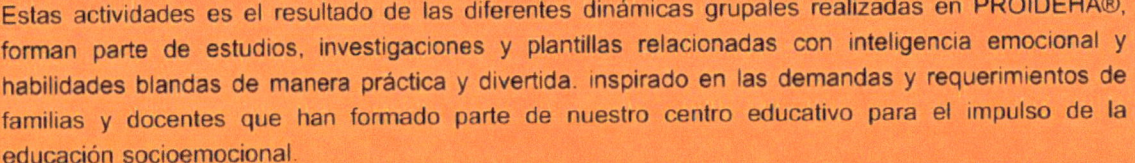

PROIDEHA®
Centro de Desarrollo de Habilidades Blandas.

Primera Edición
2024

Compilado y adaptado por:
Ani Rodríguez

Imagen de portada
www.canva.com/design

Maquetación
ProIDEhA® Team

Estas actividades es el resultado de las diferentes dinámicas grupales realizadas en PROIDEHA®, forman parte de estudios, investigaciones y plantillas relacionadas con inteligencia emocional y habilidades blandas de manera práctica y divertida. inspirado en las demandas y requerimientos de familias y docentes que han formado parte de nuestro centro educativo para el impulso de la educación socioemocional.

Dirección
Ciudad de Panamá, Panamá.

Teléfono: (507) 830 5480
Móvil: (507) 6747 2409

La reproducción de fragmentos del mismo solo puede realizarse con una finalidad docente o de investigación, en cuyo caso deberá indicarse la fuente y el nombre de Proideha®.

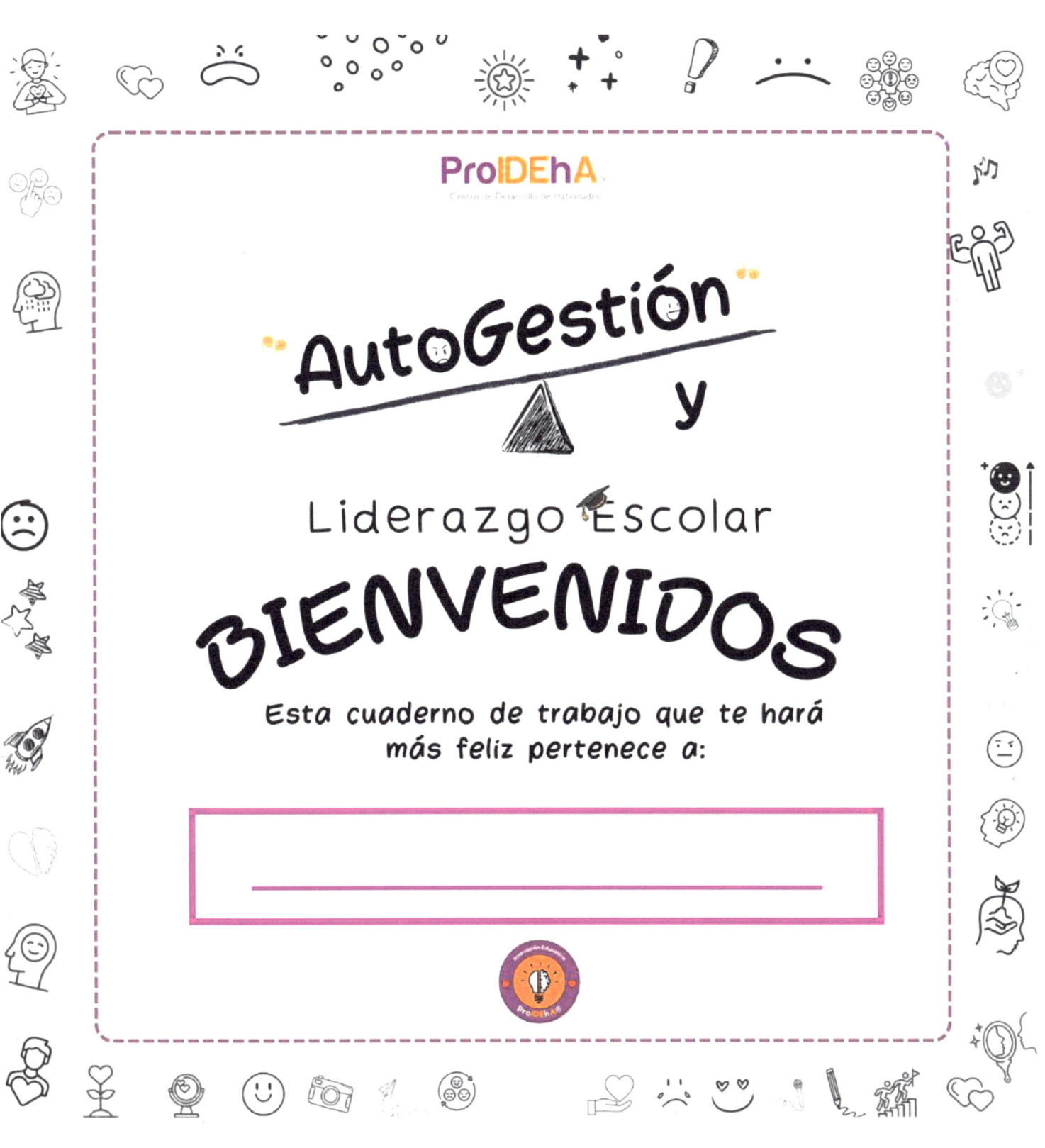

¡Bienvenidos, pequeños aventureros del conocimiento!

¿Están listos para embarcarse en una emocionante travesía hacia la autogestión y el liderazgo? ¡Pues prepárense para sumergirse en un mundo lleno de descubrimientos y aprendizajes con nuestro libro "Autogestión y Liderazgo Escolar"!

Imaginen un lugar donde cada niño es el capitán de su propio barco, donde la aventura comienza en el aula y se extiende más allá de las aulas. ¿Pueden visualizarlo? ¡Eso es exactamente lo que les espera en las páginas de este libro mágico!

Acompáñennos en un viaje extraordinario donde aprenderán a tomar decisiones, a resolver problemas y a trabajar en equipo. Juntos, descubrirán los secretos de la autogestión, ¡un superpoder que todos ustedes pueden tener!

Introducción

Imaginando un lugar donde los niños son los arquitectos de su destino. Lo que quieren lo hacen "desde la conciencia", dónde cada paso dado es una oportunidad para aprender, crecer y liderar, fue la inspiración de esta colección escolar.

Pues bien, en este libro, los invito a adentrarse en un mundo donde la autogestión y el liderazgo escolar son los pilares fundamentales.

Desde los rincones del aula hasta el patio de recreo, los ejercicios prácticos los llevarán en un viaje lleno de descubrimientos y desafíos; mientras exploran las maravillas de tomar decisiones por sí mismos, resolver conflictos con ingenio y trabajar en equipo para alcanzar metas comunes.

Pero este libro no solo trata sobre cómo ser capitanes de sus propias vidas, sino también sobre cómo inspirar a otros a navegar con valentía por las aguas de la autogestión y el liderazgo. Porque en este mundo, cada niño tiene el potencial de ser un faro de luz, guiando a otros con su ejemplo y su compasión.

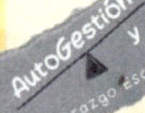

Introducción

Así que prepárense, para sumergirse en un océano de posibilidades infinitas. En estas páginas, encontrarán no solo palabras, sino también herramientas prácticas y consejos sabios que los ayudarán a convertirse en los líderes del mañana que el mundo tanto necesita.

Este libro es una invitación a descubrir el poder que reside dentro de cada uno de ustedes.

¿Están listos para zarpar hacia una emocionante aventura de autogestión y liderazgo escolar?

¡Entonces no esperemos más! ¡Que empiece la travesía!

Ani Rodríguez

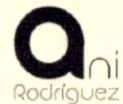

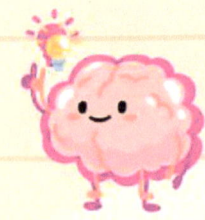

TABLA DE CONTENIDO

¿Que son las emociones?
Entender lo que sentimos al compartir con nuestro mundo.
07

Reconocimiento de Emociones Básicas: Miedo
Identificar y comprender el miedo, explorando cómo expresarlo y compartirlo.
10

Reconocimiento de Emociones Básicas: Amor
Identificar y comprender el amor, explorando cómo expresarlo y compartirlo.
13

Reconocimiento de Emociones Básicas: Rabia
Identificar y comprender la rabia, explorando cómo expresarla y compartirla.
16

Reconocimiento de Emociones Básicas: Tristeza
Identificar y comprender la trsiteza, explorando cómo expresarla y compartirla.
19

Reconocimiento de Emociones Básicas: Asco
Identificar y comprender el asco, explorando cómo expresarlo y compartirlo.
22

¿Qué es la Autogestión?
Aprender a sentir, gestionar y aplicar estrategias para gestionar emociones.
25

Ser Líder
Autoreconocimiento del liderazgo personal.
28

TABLA DE CONTENIDO

Identificación de Emociones en los Demás: Empatía — 31
Explorar la capacidad de reconocer y comprender las emociones de los demás, fomentando la empatía y la conexión emocional

Aprender a Compartir y Colaborar — 34
Desarrollar habilidades sociales, promoviendo el compartir y trabajar en colaboración con otros niños, cultivando la cooperación.

Manejo de la Frustración — 37
Enseñar estrategias para lidiar con la frustración y desarrollar la paciencia como una habilidad crucial en el crecimiento emocional.

Celebrar los Logros Propios y Ajenos — 40
Fomentar el reconocimiento y la celebración tanto de los propios logros como de los logros de los demás, cultivando un ambiente positivo.

La Importancia de Decir "Lo Siento" y "Gracias" — 43
Inculcar la importancia de expresar gratitud y disculpas como parte fundamental de las interacciones sociales.

Desarrollo de la Autoestima — 46
Explorar la construcción de una imagen positiva de uno mismo, resaltando las fortalezas y fomentando la autoaceptación.

Resolución de Conflictos de Forma Positiva — 49
Enseñar estrategias para resolver conflictos de manera constructiva, promoviendo el diálogo y la comprensión mutua.

Aprender a Esperar su Turno — 52
Desarrollar la paciencia y la capacidad de esperar el turno, promoviendo habilidades sociales en situaciones grupales.

Construcción de Relaciones de Amistad — 55
Explorar cómo establecer y mantener amistades, destacando la importancia de la empatía, la comunicación y la colaboración.

Explorando la Gratitud y el Reconocimiento — 58
Fomentar el reconocimiento de las cosas positivas en la vida y cultivar una actitud de gratitud.

Manejo de la Impaciencia — 61
Enseñar estrategias específicas para manejar la impaciencia y esperar de manera más efectiva.

Desarrollo de la Escucha Activa — 64
Promover la habilidad de escuchar activamente, lo que contribuye a una comunicación más efectiva y a relaciones más sólidas.

Cómo Expresar y Comunicar Emociones — 67
Guiar sobre cómo expresar emociones de manera saludable y comunicarlas de manera efectiva a los demás.

TABLA DE CONTENIDO

Afrontando el Miedo a Equivocarse — 70
Ayudar a a enfrentar y superar el miedo al error, fomentando una mentalidad de aprendizaje positiva.

Fomentar la Inclusión y la Diversidad — 73
Explorar la importancia de la inclusión y la apreciación de la diversidad en el entorno escolar y social.

Reconocimiento de Emociones Básicas: Alegría — 76
Identificar y comprender la emoción de la alegría, explorando cómo expresarla y compartirla con los demás.

Manejo de la Vergüenza y la Culpa — 79
Desarrollar estrategias para manejar la vergüenza y la culpa, promoviendo un entendimiento saludable de estas emociones.

Aprender a Compartir Sentimientos con Adultos de Confianza — 82
Fomentar la apertura emocional y la comunicación con adultos de confianza, creando un ambiente de apoyo emocional.

Exploración de la Paciencia en la Amistad — 85
Entender la importancia de la paciencia en el contexto de las relaciones amistosas.

Fomentar la Responsabilidad Personal — 88
Enseñar sobre la importancia de asumir responsabilidad personal en acciones y decisiones.

Reconocimiento de Emociones Básicas: Sorpresa — 91
Identificar y comprender la emoción de la sorpresa, explorando cómo manejarla y disfrutar de nuevas experiencias.

TABLA DE CONTENIDO

Aprender a Dar y Recibir Retroalimentación — 94
Desarrollar habilidades para dar y recibir retroalimentación de manera constructiva, promoviendo un ambiente de aprendizaje positivo.

Manejo de la Envidia y los Celos — 97
Enseñar estrategias para manejar la envidia y los celos, fomentando la comprensión y la empatía.

Promoción de la Autorregulación Emocional — 100
Consolidar y reforzar la capacidad de autorregulación emocional, integrando las habilidades aprendidas en situaciones cotidianas.

Glosario de Términos — 104
Listado de nuevas palabras encontradas para mi vocabulario emocional.

CAPÍTULO 1

Las Emociones

Objetivo

Introducir el concepto de emociones y su importancia en la vida cotidiana. Comprender el significado de emociones básicas y su impacto en el bienestar.

Colores en el corazón

Hola, soy tu emoción

¡Hola, niños! Hoy vamos a hablar de algo muy especial y divertido: ¡las emociones! ¿Alguna vez te has preguntado qué sientes cuando juegas con tus amigos, cuando ves una película emocionante o cuando alguien te da un abrazo? Bueno, esas son las emociones, ¡y son como colores en nuestro corazón!

Las Emociones

¿Qué son las emociones?

Las emociones son como las etiquetas de nuestro corazón. Son esas sensaciones que sentimos dentro de nosotros que nos dicen si estamos felices, tristes, emocionados o asustados. ¡Es como tener un festival de colores en nuestro interior!

Juego 1 — Dibujo Emocional

Cada uno de ustedes va a dibujar cómo se sienten hoy. ¿Están felices como el sol brillante o un poco tristes como una nube llorona? ¡Dibujen sus emociones!

Juego 2 — Asociación de Emociones

En la siguiente página tenemos algunas imágenes de caritas con diferentes emociones.

Algunas sonríen, otras pueden verse un poco tristes o sorprendidas.

Vamos a jugar a un juego de asociación.

Une los pares de cada emoción correctamente.

¡Vamos a intentarlo juntos!

 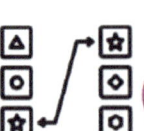

Las Emociones

¿Qué aprendimos?

Hoy aprendimos que las emociones son como colores en nuestro corazón, ¡y cada uno de ustedes tiene su propio cuadro de emociones! Dibujaron cómo se sienten y aprendieron a asociar esas emociones con caritas divertidas.

Recuerden, está bien sentir todas las emociones. Aprender sobre ellas nos ayuda a entendernos a nosotros mismos y a los demás.

Recomendaciones para el Docente:

⭐ **Fomentar la Expresión:** Anima a los niños a hablar sobre sus dibujos. Pregunte por qué eligieron esos colores y qué representa su dibujo. Esto fomenta la expresión emocional y la comunicación.

⭐ **Refuerzo Positivo:** Reconoce los esfuerzos creativos de los niños. Cada dibujo es único y especial. Esto ayuda a construir una atmósfera positiva en el aula.

⭐ **Discusión en Grupo:** Después de cada actividad.

CAPITULO 2

El Miedo

Objetivo

Desarrollar la capacidad de identificar y comprender la emoción del miedo.

Temor en el corazón

Hola, soy el miedo

¡Hola, pequeños exploradores de emociones!

Hoy vamos a hablar sobre el miedo, esa sensación que a veces nos hace sentir un poco asustados. Pero no se preocupen, ¡vamos a aprender a enfrentarlo juntos!

¿Qué es el miedo?

El miedo es como tener un pequeño monstruo en nuestra barriga. A veces aparece cuando estamos en la oscuridad o cuando escuchamos ruidos extraños. Pero ¿saben qué? ¡Podemos vencer al miedo!

Juego 1

Dibujo del Monstruo Amistoso

Cada uno de ustedes va a dibujar su propio monstruo amistoso. Este monstruo es valiente y está aquí para ayudarles a vencer el miedo. ¿Cómo se vería su monstruo amistoso?

Juego 2

Trazos de Miedo

En la siguiente página tenemos algunas líneas y curvas. Debes seguir esas líneas con sus crayones.

Este ejercicio ayuda a enfrentar el miedo con trazos divertidos.

¡Sigamos las líneas juntos!

11

El Miedo

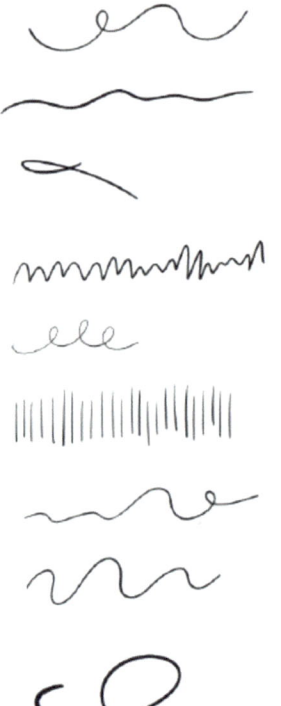

Recomendaciones para el Docente:

⭐ **Fomentar la Imaginación:** Anima a los niños a ser creativos con sus monstruos. Pregunta sobre las características especiales de cada monstruo y cómo pueden ayudarles a sentirse valientes.

⭐ **Apoyo Positivo:** Refuerza la idea de que está bien tener miedo y que todos tienen su propio monstruo amistoso para enfrentarlo. Fomenta un ambiente de apoyo.

⭐ **Explorar Sensaciones:** Pregunta a los niños cómo se sintieron al seguir las líneas en la actividad de trazos. Esto conectarse con sus emociones

¿Qué aprendimos?

Hoy aprendimos que el miedo puede ser como un pequeño monstruo, pero también descubrimos que podemos tener nuestros propios monstruos amistosos para ayudarnos. Además, practicamos trazos divertidos para enfrentar el miedo con valentía.

CAPITULO 3

El Amor

Objetivo

Explorar la emoción del amor y cómo se manifiesta en diferentes situaciones.

Abrazo Feliz

Hola, soy el amor

¡Saludos, pequeños artistas del amor! Hoy vamos a hablar de una emoción muy especial: ¡el amor!

El amor es como un *abrazo cálido y amigable*. Vamos a descubrir cómo podemos llenar nuestro mundo de amor.

¿Qué es el amor?

El amor es cuando sentimos cariño por nuestras familias, amigos o incluso nuestras mascotas.

Puede ser un sentimiento feliz que nos hace sonreír y sentirnos especiales.

Juego 1

Árbol del Amor

Juntos, vamos a crear un hermoso árbol del amor. Cada hoja representará un acto amoroso que podemos hacer. ¿Qué actos de amor pondrían en su árbol?

Juego 2

Coloreo de Corazones

Aquí tienen imágenes de corazones. Vamos a colorearlos con los colores más felices y brillantes que podamos encontrar. ¡Porque el amor es así de alegre!

El Amor

¿Qué aprendimos?

Hoy exploramos cómo el amor puede estar en muchos lugares diferentes. Creamos un árbol lleno de actos amorosos y coloreamos corazones para celebrar esta emocionante sensación.

Te animas a dibujar un árbol con todas las hojas de corazones, simbolizando mucho amor.

Recomendaciones para el Docente:

⭐ **Fomentar la Conversación:** Después de la actividad del árbol, anima a los niños a compartir por qué eligieron ciertos actos amorosos. Esto fomenta la conversación y el entendimiento mutuo.

⭐ **Celebrar la Diversidad:** Habla sobre cómo el amor puede ser expresado de maneras diferentes. Esto ayuda a los niños a comprender la diversidad de experiencias emocionales.

⭐ **Refuerzo Positivo:** Resalta la importancia de compartir el amor a través del arte.

CAPITULO 4

La Rabia

Objetivo

Desarrollar la capacidad de reconocer y manejar la emoción de la rabia.

Sismos en el corazón

Hola, soy la rabia

¡Hola, pequeños exploradores de la calma! Hoy vamos a hablar de una emoción fuerte: ¡la rabia!

Aprenderemos cómo podemos manejarla y convertirla en algo positivo.

¿Qué es la rabia?

La rabia es como un fuego pequeño en nuestro corazón. A veces sentimos calor y enojo, pero ¡no se preocupen! Vamos a aprender a calmar ese fuego juntos.

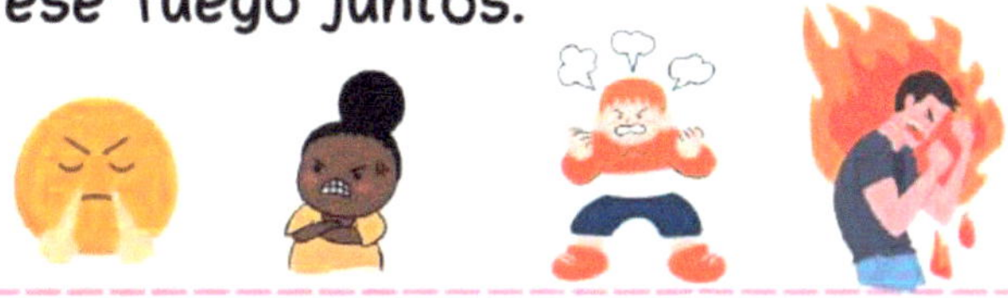

Juego 1

Marionetas de Ira

Cada uno de ustedes creará una marioneta que represente cómo se ve la rabia. ¿Cómo sería su marioneta enojada? ¡Vamos a hacerlas juntos! Dibújala primero y luego construye una con materiales de reciclaje, una media, papel, cartón, colores, usa tu imaginación. Crea una historia en la que tu marioneta se enoja, respira, busca una solución, la hace y se calma.

Juego 2

Laberinto de la Calma

Aquí tienen un laberinto tranquilo. Vamos a resolverlo juntos mientras imaginamos que estamos caminando hacia la calma. ¿Cómo nos sentimos al llegar al final?

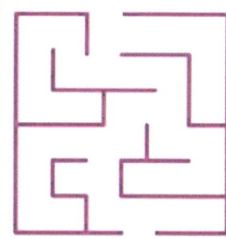

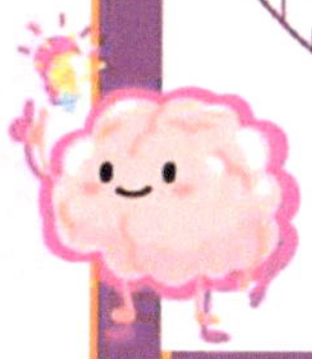

La Rabia

¿Qué aprendimos?

Hoy aprendimos que podemos enojarnos por muchas razones, como nuestras marionetas y que también podemos recorrer un camino de la rabia a la calma si respiramos, hablamos y buscamos una solución.

Te animas a revelar cual camino lleva de la ira a la calma, con paciencia y persistencia.

Recomendaciones para el Docente:

⭐ **Validar Emociones:** Recuérdales a los niños que está bien sentir rabia y que todos tienen maneras diferentes de manejarla. La validación emocional es crucial.

⭐ **Promover Estrategias Positivas:** Habla sobre cómo resolver el laberinto ayudó a encontrar la calma. Esto promueve la idea de que hay estrategias positivas para manejar la rabia.

⭐ **Apoyo Individualizado:** Si algunos niños encuentran dificultades, bríndales apoyo.

CAPITULO 5

La Tristeza

Objetivo

Identificar y comprender la emoción de tristeza, explorando maneras de afrontarla.

Lluvia en el corazón

Hola, soy la tristeza

¡Hola, artistas de la alegría! Hoy vamos a explorar una emoción un poco triste: ¡la tristeza!

Pero no se preocupen, ¡vamos a encontrar maneras creativas de superarla!

¿Qué es la tristeza?

Juego 2

Cuentacuentos Triste

La tristeza es como una lluvia suave en nuestro corazón. A veces, nos sentimos un poco melancólicos, por algo ocurrido, pero hoy aprenderemos cómo hacer brillar el sol de nuevo.

Juego 1

Collage Emocional

Juntos, vamos a elaborar un pequeño cuento sobre cómo superar la tristeza.

Cada niño puede agregar su propia parte a la historia. ¿Cómo termina su cuento feliz?

Cada uno de ustedes va a crear un collage que represente la tristeza. Luego, agregarán elementos felices para mostrar cómo superarla. ¿Qué colores y formas usarán?

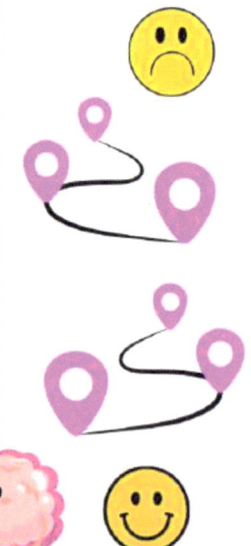

La Tristeza

¿Qué aprendimos?

Hoy exploramos la tristeza y descubrimos maneras creativas de superarla. Creamos collages emocionales y construimos un cuento triste que se transformó en uno feliz.

Te animas a dibujar una historia triste con final feliz, sabiendo que siempre que estamos triste podemos cambiar esa emoción.

Recomendaciones para el Docente:

⭐ <u>Promover la Creatividad:</u> Anímalos a ser creativos en el collage y el cuento. La expresión artística puede ser una poderosa herramienta para procesar emociones.

⭐ <u>Fomentar el Compartir:</u> Después de la actividad del cuento, permite que algunos niños compartan sus historias con el grupo. Esto fomenta la expresión verbal y la conexión entre los compañeros.

⭐ <u>Reforzar la Positividad:</u> Siempre hay maneras de encontrar la alegría incluso en momentos tristes.

CAPITULO 6

El Asco

Objetivo

Familiarizarse con la emoción de asco y comprender cómo puede variar en diferentes situaciones.

Sensaciones diferentes

Hola, soy el asco

¡Saludos, exploradores de emociones! Hoy vamos a explorar una emoción interesante: ¡asco!

A veces, algo puede hacernos arrugar la nariz, y eso está bien. Vamos a aprender sobre el asco y cómo respetar las diferentes formas en que todos lo experimentamos.

¿Qué es el asco?

El asco es como cuando probamos algo que no nos gusta, o cuando vemos algo que nos parece un poco raro. Pero recuerden, ¡cada uno siente el asco de manera diferente!

Juego 1
Exploración Táctil

Aquí tienen algunos materiales con texturas diferentes. Vamos a verlos, si algunos los has tocado recuerda la sensación y explorar cómo nos hacen sentir. Algunos pueden sentir asco y está bien. ¿Cómo describirían estas texturas

   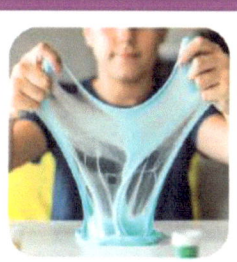

Juego 2
Coloreo de Expresiones

Tienen imágenes de caras con expresiones de asco. Vamos a colorearlas y hablar sobre por qué creemos que esas caras se ven así.
¡La creatividad no tiene límites!

El Asco

¿Qué aprendimos?

Hoy exploramos el asco y aprendimos que todos lo sentimos de manera única. Tocamos texturas divertidas y coloreamos expresiones para expresar nuestras propias experiencias.

Te animas a dibujar una historia en la que se vea un niño con asco a 3 cosas diferentes.

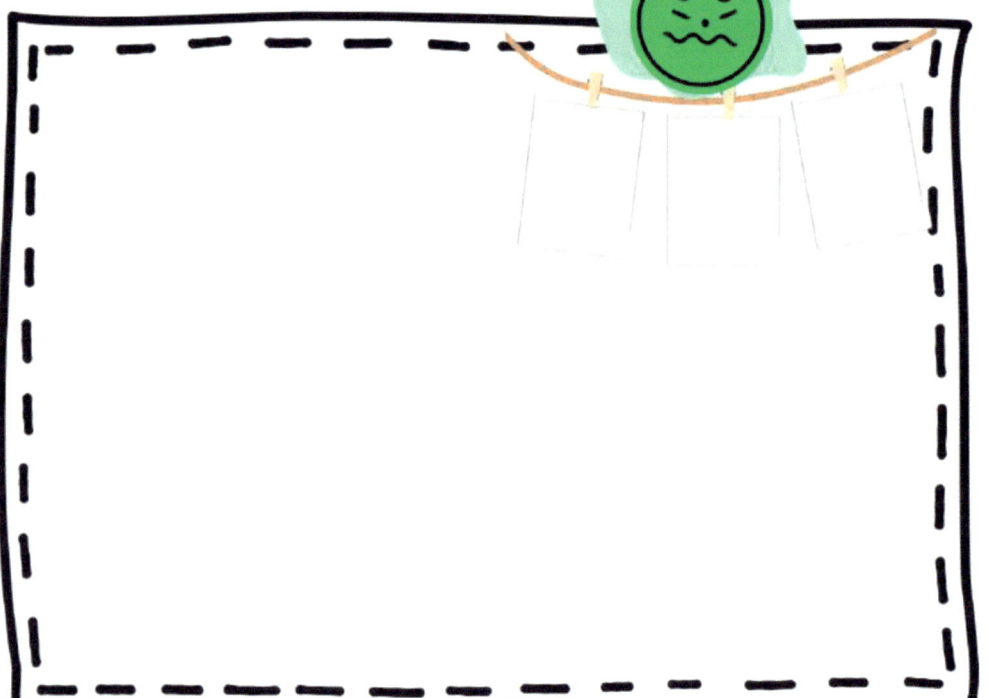

Recomendaciones para el Docente:

⭐ <u>Promover la Conversación:</u> Después de la actividad, anima a los niños a compartir cómo se sintieron al ver las texturas y si alguno las ha tocado. Esto fomenta la comunicación y la expresión verbal.

⭐ <u>Respetar Diferencias:</u> Habla sobre cómo cada persona puede sentir el asco de manera diferente. Fomente el respeto hacia las diversas reacciones emocionales.

⭐ <u>Celebrar la Creatividad:</u> Destaca que todos tienen perspectivas únicas y eso está bien.

CAPITULO 7

La Autogestión

Objetivo

Introducir el concepto de autogestión emocional y su importancia en el bienestar personal.

Nuestro Poder Personal

Hola, soy la autogestión

¡Hola, pequeños gestores de emociones! Hoy vamos a aprender sobre algo emocionante: la autogestión.

¿Saben qué es? ¡Vamos a descubrirlo juntos!

¿Qué es la autogestión?

La autogestión es como ser el capitán de nuestro barco emocional. Significa que podemos gestionar y cambiar cómo nos sentimos.

¡Es una habilidad increíble!

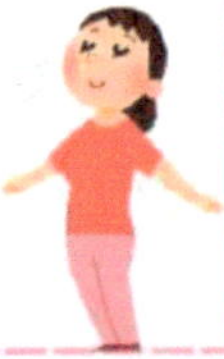

Juego 1

Respiración Tranquila

Vamos a practicar la respiración tranquila. Inhalar profundamente como si oliéramos una flor y exhalar suavemente como si apagáramos una vela. ¿Pueden sentir cómo se calman?

Juego 2
Registro de Emociones

Tienen caras para colorear. Elijan colores que representen cómo se sienten hoy y coloreen esas caras. Es una manera divertida de registrar nuestras emociones.

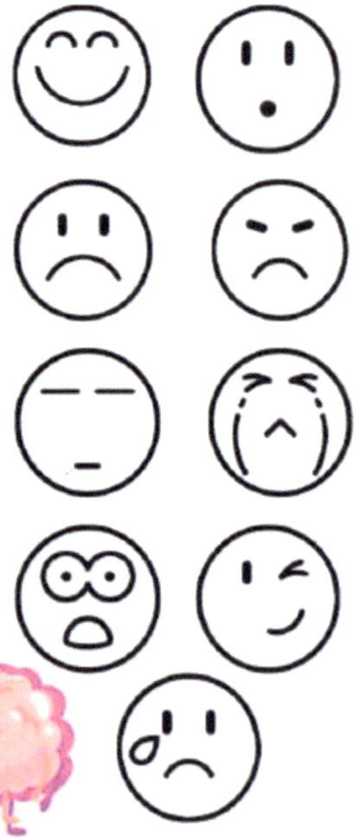

La Autogestión

¿Qué aprendimos?

Hoy aprendimos sobre la autogestión, ser capitanes de nuestras emociones. Practicamos la respiración tranquila y registramos nuestras emociones con colores alegres.

Te animas a registrar cada día la emoción que vas sintiendo. Te dejamos acá un tablero emocional para tus registros.

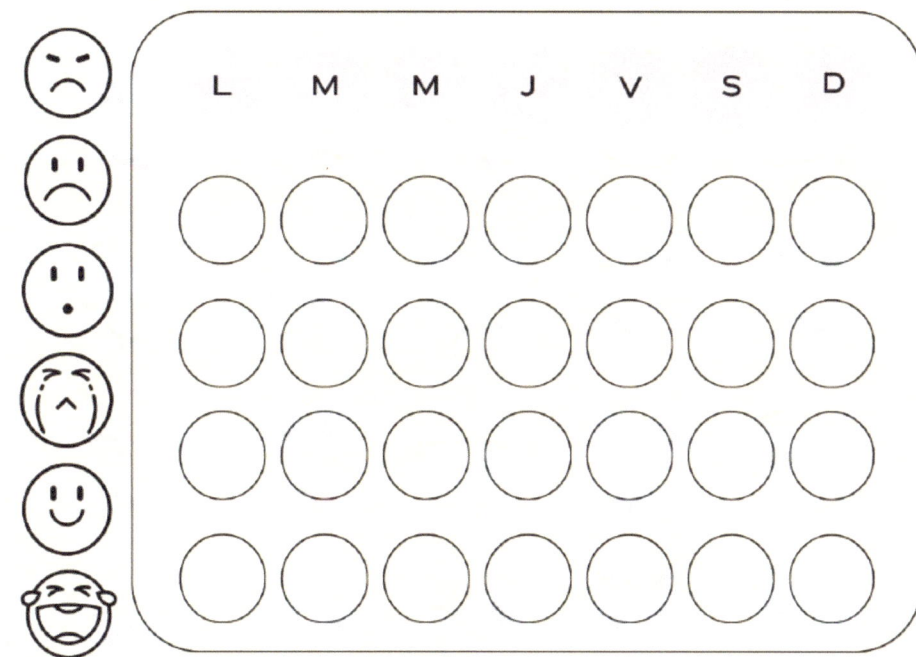

Recomendaciones para el Docente:

⭐ **Reforzar la Respiración:** Destaca la importancia de la autogestión para el bienestar emocional. Anímelos a practicar la respiración tranquila cuando lo necesiten.

⭐ **Fomentar la Autorreflexión:** Después de la actividad de registro, anima a los niños a reflexionar sobre por qué eligieron esos colores. Esto fomenta la autorreflexión.

⭐ **Apoyo Individualizado:** Si algunos niños encuentran dificultades con la práctica de la respiración.

CAPITULO 8

Ser Líder

Objetivo
Explorar cómo ser un líder positivo, fomentando habilidades de comunicación y trabajo en equipo.

Liderazgo Infantil

Hola, soy el liderazgo

¡Hola, líderes en formación! Hoy vamos a descubrir qué significa ser un líder, porque es muy poderoso crecer de manera feliz impulsando a otros¡

No se preocupen, todos pueden ser líderes increíbles!

¿Qué es Ser Líder?

Ser líder es como ser el guía de un equipo. Significa ayudar y trabajar juntos para lograr grandes cosas.

¡Vamos a aprender cómo hacerlo!

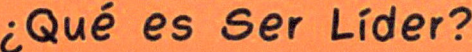

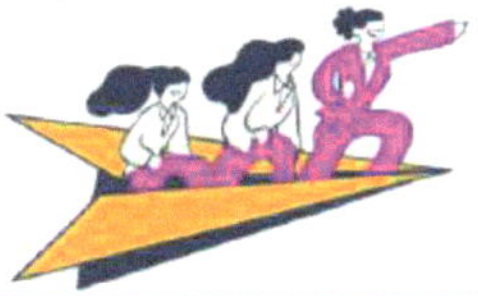

Juego 1

Construyendo Juntos

Para esta actividad necesitamos bloques de construcción. Vamos a construir algo increíble en grupo. Cada uno tiene ideas únicas, ¡así que compartamos y construyamos juntos! Dibuja aquí que te gustaría construir a ti solo, recuerda esta ez todos compartirán ideas y se construirá algo nuevo y diferente.

Juego 2

Corona de Líder

Escribiremos palabras relacionadas con ser líder

Escribe aquí tus palabras:

Líderes en acción

Recomendaciones para el Docente:

¿Qué aprendimos?

Hoy exploramos cómo ser líderes positivos. Construimos juntos y creamos coronas para recordarnos nuestras habilidades de liderazgo. ¡Todos somos líderes increíbles!

⭐ **Fomentar la Colaboración:** Habla sobre la importancia de trabajar juntos como equipo. Anima a los niños a compartir sus ideas y a apoyarse mutuamente.

Cada uno va a dibujar su propia corona. En ella, escribiremos habilidades de liderazgo que poseemos. ¿Cómo se sienten siendo líderes?

⭐ **Celebrar Diversidad de Habilidades:** Después de la actividad de la corona, destaca cómo cada niño tiene habilidades de liderazgo únicas. Fomenta la celebración de la diversidad.

⭐ **Incentivar el Empoderamiento:** Refuerza la idea de que todos pueden ser líderes.

CAPITULO 9

La Empatía

Objetivo
Explorar la capacidad de reconocer y comprender las emociones de los demás, fomentando la empatía y la conexión emocional.

Conectar con otros

Hola, soy la empatía

¡Hola, expertos en emociones! Hoy vamos a hablar sobre algo asombroso: ¡la empatía!

Ser empáticos significa entender cómo se sienten los demás. ¡Vamos a descubrir cómo hacerlo!

¿Qué es La Empatía?

La empatía es como tener un radar mágico para entender las emociones de los demás.

Hoy aprenderemos a usar ese radar para conectarnos emocionalmente.

Juego 1

Caja de Sorpresas

Nuestra caja mágica tiene objetos que representan diferentes emociones. Vamos a adivinar qué emoción representa cada objeto. ¡Sorpresas emocionantes nos esperan!. Escribe al lado de cada objeto o comenta con tu compañero que emoción representa.

 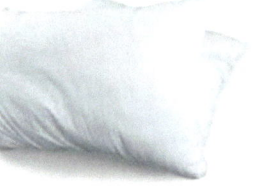 

Juego 2

Role-playing Empático

Jugaremos a actuar diferentes emociones para que los demás adivinen. Así practicaremos ponerse en los zapatos de los demás.

¿Cómo expresan esas emociones?

Aquí mencionamos algunas emociones que puedenusar para actuar:

Frustración
Duda
Esperanza
Agradecimiento
Alegría
Tristeza
Rabia

La Empatía

¿Qué aprendimos?

Hoy exploramos la empatía y cómo entender las emociones de los demás. Adivinamos emociones en la caja de sorpresas y jugamos a actuar. ¡Somos expertos en conectar emociones!

Dibuja a un niño o niña empático, haz el dibujo con muchos detalles.

Recomendaciones para el Docente:

⭐ <u>Fomentar la Comunicación:</u> Anima a los niños a hablar sobre cómo se sintieron al adivinar las emociones en la caja de sorpresas. Esto fomenta la comunicación abierta.

⭐ <u>Practicar la Empatía Diariamente:</u> Sugiere actividades diarias para practicar la empatía, como preguntar a los compañeros cómo se sienten. Refuerza la idea de que la empatía es una habilidad constante.

⭐ **Celebrar la Diversidad Emocional:** Las personas expresan emociones de manera única.

CAPITULO 10

Aprender a Compartir y Colaborar

Objetivo
Desarrollar habilidades sociales, promoviendo el compartir y trabajar en colaboración con otros niños, cultivando la cooperación.

Conectar con otros

¡Hola, pequeños colaboradores! Hoy vamos a aprender algo esencial: ¡compartir y colaborar!

Juntos, podemos lograr cosas increíbles. ¡Vamos a descubrir cómo hacerlo!

Hola, soy la colaboración

ProIDEhA
Centro de Desarrollo de Habilidades

¿Por qué Compartir y Colaborar?

Compartir y colaborar es como unir fuerzas de superhéroes. Todos tenemos algo único para aportar.

¡Vamos a construir algo increíble juntos!

Juego 1

Árbol de Colaboración

En el siguiente árbol cada niño agregará una hoja. En cada hoja, escribiremos una acción colaborativa que podemos hacer. ¿Cómo crecerá nuestro árbol?

Juego 2

Juego de Compartir

Jugaremos un juego interactivo donde todos compartirán algo. Puede ser una idea, un juguete imaginario, ¡lo que sea!

La clave es compartir y disfrutar juntos.

Aprender a Compartir y Colaborar

¿Qué aprendimos?

Hoy aprendimos sobre la magia de compartir y colaborar. Construimos nuestro árbol de colaboración y jugamos a compartir en el juego interactivo.

¡Juntos somos imparables!

Dibuja tres cosas que más te gusta compartir con los demás.

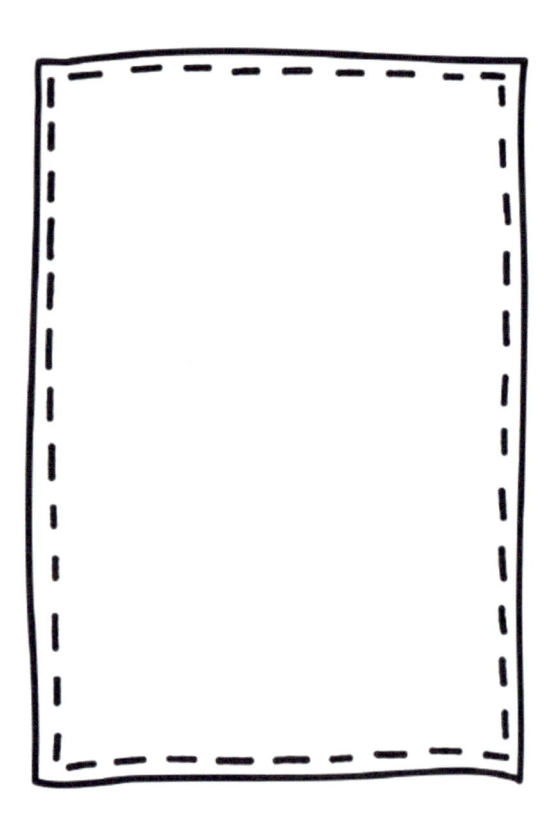

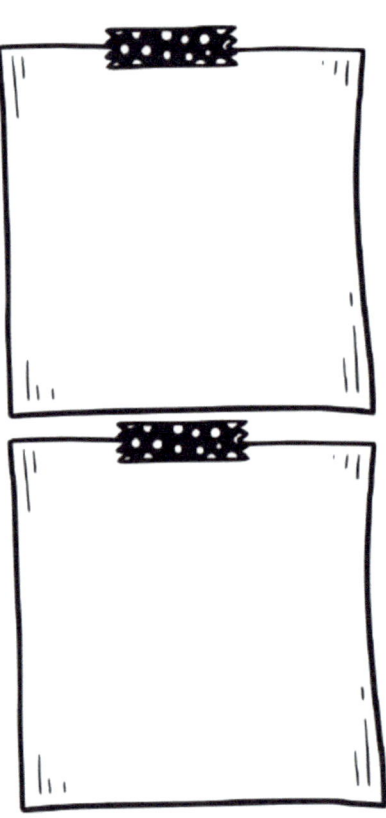

Recomendaciones para el Docente:

⭐ **Fomentar el Sentido de Comunidad:** Después de la actividad del árbol, habla sobre cómo cada hoja contribuye al crecimiento del árbol. Fomenta el sentido de comunidad y pertenencia.

⭐ **Elogiar la Colaboración:** Durante el juego interactivo, reconoce los actos de compartir y colaborar. Refuerza la idea de que trabajar juntos es divertido y gratificante.

⭐ **Inculcar la Importancia del Respeto:** Habla sobre cómo compartir y colaborar.

CAPITULO 11

Manejo de la Frustración

Objetivo
Enseñar estrategias para lidiar con la frustración y desarrollar la paciencia como una habilidad crucial en el crecimiento emocional.

Sin desesperarnos...

Hola, soy la frustración

¡Hola, campeones emocionales! Hoy vamos a aprender sobre la frustración y cómo ser superhéroes al gestionarla.

¿Listos para descubrir nuestras habilidades secretas?

¿Qué es la Frustración?

Cuando nos sentimos un poco molestos o tristes cuando las cosas no salen como esperábamos, aparece la frustración; ¡y está bien sentirse así!
Vamos a ser expertos en manejarla y cultivar nuestra paciencia.

Juego 1
Dibujo de Sentimientos

Cada uno va a crear un dibujo que represente cómo se sienten cuando están frustrados. Pueden usar colores y formas para expresar sus emociones.

Juego 2
La Pizza de Emociones

1. Dibuja una rueda mágica como si fuera una pizza. Cada trozo representa una situación que podría hacerte sentir frustrados.

2. En cada trozo escribe una situación que te haga sentir frustrado(a), como perder un juego o no poder resolver un rompecabezas.

3. Coloréala con diferentes colores. Cada color representará un sentimiento diferente.

La Frustración

Recuerda pensar cómo puedes sentirte mejor en cada situación

Recomendaciones para el Docente:

⭐ **Promover la Comunicación:** Después de las actividades, anima a los niños a compartir sus dibujos y hablar sobre cómo se sintieron. Esto fomenta la comunicación abierta.

⭐ **Refuerzo Positivo:** Reconoce verbalmente los esfuerzos de los niños al resolver el laberinto. Refuerce la idea de que la paciencia es una habilidad valiosa y que todos pueden cultivarla.

¿Qué aprendimos?

Hoy descubrimos que todos nos sentimos frustrados a veces, ¡y está bien! Aprendimos a expresarlo con dibujos y a reconocer que nos frustra y cómo podemos sentirnos mejor.

CAPITULO 12

Celebrar los Logros Propios y Ajenos

Objetivo

Fomentar el reconocimiento y la celebración tanto de los propios logros como de los logros de los demás, cultivando un ambiente positivo.

Reconocimiento necesario

¡Hola, exploradores de éxitos! Hoy vamos a celebrar logros, ¡porque todos somos estrellas brillantes!

¿Listos para brillar aún más?

Hola, soy la celebración

ProIDEhA
Centro de Desarrollo de Habilidades

¿Por qué Celebrar Logros?

Celebrar logros es como lanzar un gran ¡Hurra! por las cosas geniales que hacemos.

Esto nos permite continuar motivados a seguir logrando más objetivos.

Vamos a crear un ambiente lleno de alegría y aplausos

Juego 1
Álbum de Logros

Cada uno creará un álbum donde registrarán sus logros personales. Pueden dibujar, pegar fotos o escribir sobre cosas que los hagan sentir orgullosos.

Juego 2
Tarjetas de Celebración

Decoraremos tarjetas para felicitar a nuestros amigos por sus logros. ¡Vamos a esparcir alegría y celebrar juntos!

Celebrar los Logros

Dibújate en tu siguiente logro

Recomendaciones para el Docente:

⭐ **Fomentar la Colaboración:** Después de la actividad de tarjetas, anima a los niños a intercambiar y compartir sus tarjetas de celebración. Esto fomenta la colaboración y el aprecio mutuo.

⭐ **Incentivar Reflexión Positiva:** Pide a los niños que reflexionen sobre lo que escribieron en sus álbumes. Fomenta una perspectiva positiva y refuerce la autoestima.

¿Qué aprendimos?

Hoy aprendimos a apreciar y celebrar nuestros propios logros y los de los demás. Creamos álbumes personales y tarjetas de celebración para hacer brillar a todos y nos visualizamos en nuestro siguiente logro.

CAPITULO 13

Decir "Lo Siento" y "Gracias"

Objetivo

Inculcar la importancia de expresar gratitud y disculpas como parte fundamental de las interacciones sociales.

Palabras de Poder

Hola, soy la disculpa

¡Hola, expertos en bondad!
Hoy vamos a explorar dos palabras mágicas: "Lo siento" y "Gracias", son complemente poderosas para mantener nuestros lazos familiares y amistosos unidos.

¿Listos para descubrir su poder?

¿Por qué Decir "Lo Siento" y "Gracias"?

Decir "Lo siento" es como dar un abrazo con palabras, y decir "Gracias" es como dar un regalo de sonrisas.

Vamos a aprender cómo hacerlo.

Juego 1

Teatro de Agradecimientos:

Representaremos pequeñas escenas agradeciendo y disculpándonos. ¡Seremos actores de la bondad y la cortesía!

Juego 2

Tarjetas de Gratitud

Crearemos tarjetas especiales para dar las gracias. Podemos usar colores brillantes y dibujar cosas que apreciamos.

¿Por qué Decir "Lo Siento" y "Gracias"?

Escribe 5 cosas por las cuales agradecer

Recomendaciones para el Docente:

⭐ **Promover la Empatía:** Después del teatro, habla sobre cómo se sintieron al expresar gratitud y disculpas. Fomente la empatía y el entendimiento mutuo.

⭐ **Reforzar la Cortesía:** Reconoce las tarjetas de agradecimiento creativas. Refuerza la importancia de ser corteses y expresar gratitud de maneras únicas.

¿Qué aprendimos?

Hoy aprendimos que decir "Lo siento" y "Gracias" hace que el mundo sea más brillante. Actuamos en el teatro de agradecimientos y creamos tarjetas llenas de gratitud.

CAPITULO 14

Desarrollo de la Autoestima

Objetivo

Explorar la construcción de una imagen positiva de uno mismo, resaltando las fortalezas y fomentando la autoaceptación.

Trabajo de Amor personal

¡Hola, artistas del autoamor! Hoy vamos a explorar la belleza de ser nosotros mismos.

¿Listos para crear un mundo lleno de amor propio?

Hola, soy la autoestima

ProIDEhA
Centro de Desarrollo de Habilidades

¿Por qué la Autoestima?

La autoestima es como un abrazo que nos damos a nosotros mismos.

Vamos a resaltar nuestras fortalezas y amarnos tal como somos.

Juego 1
Espejo de Elogios

Decoraremos espejos con mensajes positivos sobre nosotros mismos. Cada niño se verá rodeado de amor propio todos los días.

Juego 2
Collage de Fortalezas

Crearemos un collage resaltando nuestras fortalezas personales. ¡Será como un mapa del tesoro lleno de cosas asombrosas sobre nosotros!

Desarrollo de la Autoestima

Realiza aquí tu Collage de Fortalezas

¿Qué aprendimos?

Hoy descubrimos que cada uno de nosotros es único y maravilloso. Decoramos espejos con elogios y creamos collages llenos de nuestras increíbles fortalezas.

Recomendaciones para el Docente:

⭐ **Fomentar la Autoexpresión:** Anima a los niños a compartir sus espejos y collages con el grupo. Esto fomenta la autoexpresión y el aprecio mutuo.

⭐ **Elogiar la Diversidad:** Habla sobre cómo cada espejo y collage es único. Refuerce la idea de que la diversidad de fortalezas hace que el grupo sea fuerte y especial.

CAPITULO 15

Resolución de Conflictos

Objetivo
Enseñar estrategias para resolver conflictos de manera constructiva, promoviendo el diálogo y la comprensión mutua.

Vías pacíficas...

¡Hola, solucionadores de problemas! Hoy vamos a aprender a convertir los conflictos en oportunidades de crecimiento.

¿Listos para ser héroes pacíficos?

Hola, soy la resolución

¿Por qué Resolver Conflictos Positivamente?

Resolver conflictos es como arreglar un rompecabezas juntos.

Vamos a descubrir cómo comunicarnos y entender diferentes puntos de vista.

Juego 1
Dramatización de Conflictos

Representaremos situaciones conflictivas y buscaremos soluciones juntos. ¡Seremos directores de nuestro propio drama positivo!. Crea una obra ficticia en grupo con tres (3) conflictos y soluciones. Dibújala

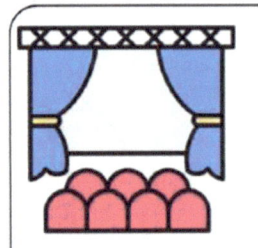

Juego 2
Rompecabezas de Soluciones

Ante dos niños que están peleando por jugar con el mismo juguete, que soluciones podemos brindarles, escríbelas o dibújalas en la siguiente hoja

Resolución de Conflictos

Realiza aquí tu Rompecabezas de Soluciones

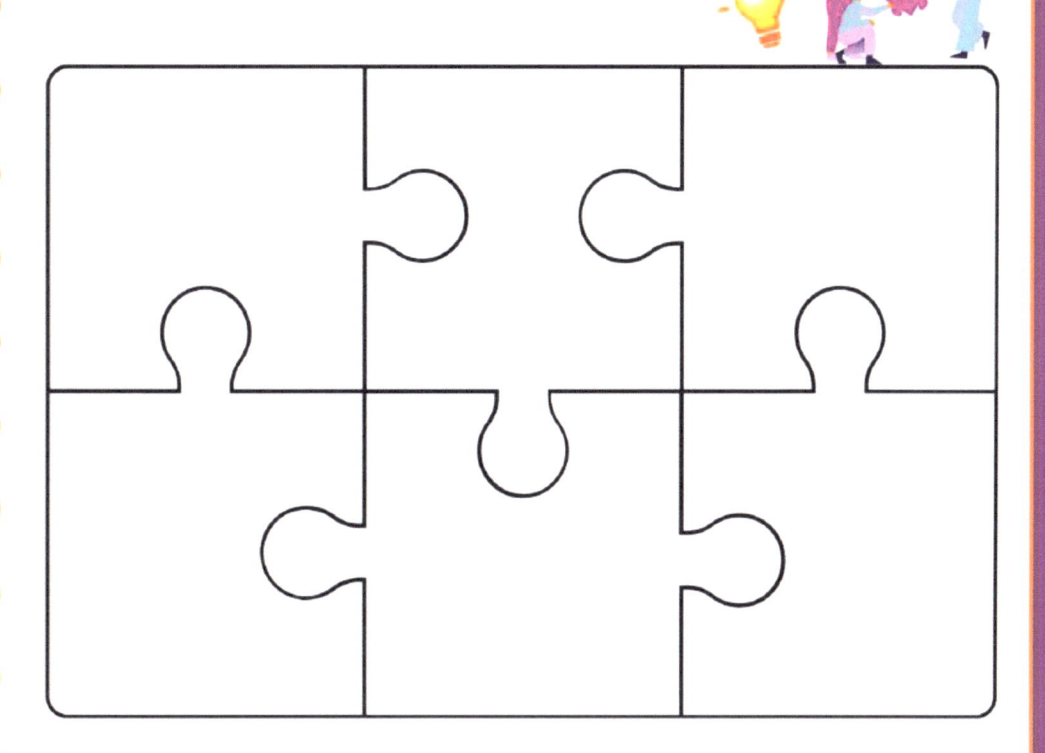

¿Qué aprendimos?

Hoy nos convertimos en expertos en resolver conflictos. Actuamos en nuestro propio drama positivo y unimos piezas para resolver rompecabezas. ¡Somos héroes pacíficos!

Recomendaciones para el Docente:

⭐ **Fomentar la Comunicación Abierta:** Después de la dramatización, anima a los niños a hablar sobre cómo se sintieron al resolver conflictos. Fomenta la comunicación abierta y el entendimiento mutuo.

⭐ **Elogiar la Colaboración:** Durante la actividad del rompecabezas, elogia los esfuerzos. Refuerza la idea de que trabajar juntos en la resolución de problemas es valioso.

CAPÍTULO 16

Aprender a Esperar su Turno

Objetivo
Desarrollar la paciencia y la capacidad de esperar el turno, promoviendo habilidades sociales en situaciones grupales.

Esperar trae recompensas

¡Hola, campeones de la espera! Hoy vamos a convertirnos en maestros de la paciencia y aprenderemos a esperar nuestro turno como verdaderos superhéroes.

¿Listos para esta emocionante aventura?

Hola, soy la paciencia

ProIDEhA
Centro de Desarrollo de Habilidades

¿Por qué Esperar su Turno?

Esperar nuestro turno es como ser parte de un gran equipo. Todos somos importantes, ¡y aprenderemos cómo hacer que cada momento cuente!

Juego 1
Dilo con mímica

Cada compañero tendrá su turno para representar el personaje que escoja de los que se presentan abajo, todos deberán adivinar cual es y cada uno tendrá la oportunidad de representar.

Juego 2
Pista de Espera

Crearemos nuestra propia pista de espera, mientras esperamos nuestro momento. Vamos a dibujarla y decorarla. Y escribir en que acciones podemos hacer mientras esperamos.

Pista de Espera

Crea tu pista y coloca que acciones divertidas puedes hacer mientras esperas.

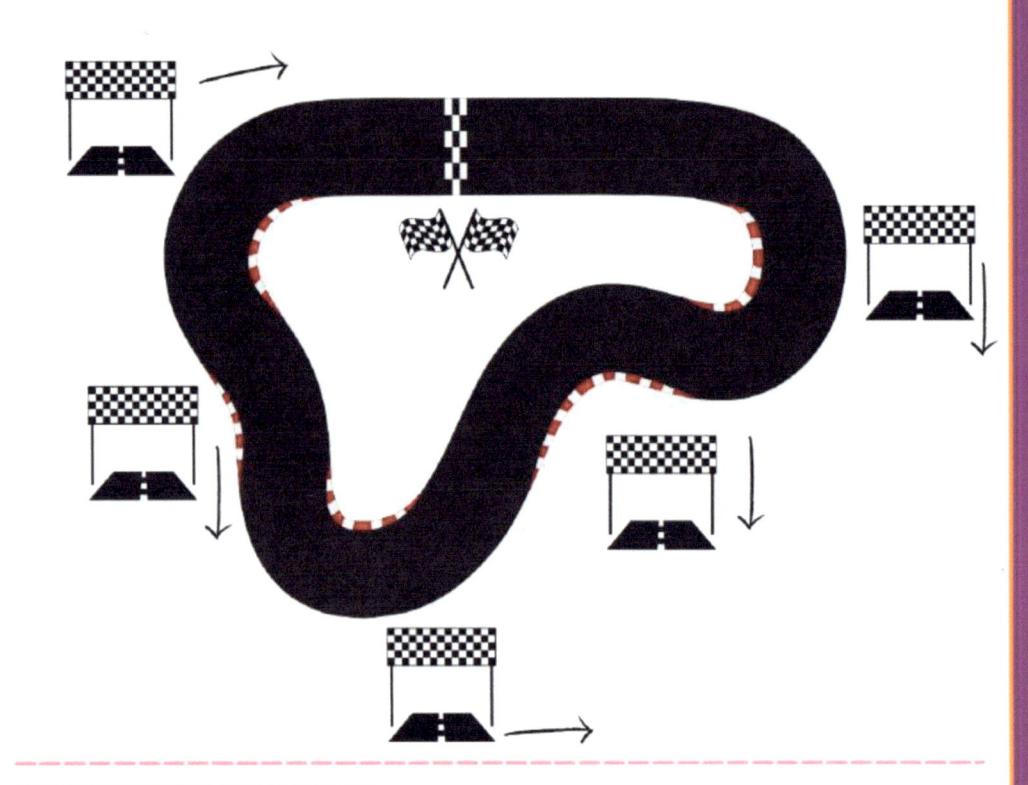

Recomendaciones para el Docente:

⭐ Fomentar la Colaboración: Anima a los niños a compartir sus experiencias mientras esperaban. Fomenta la colaboración y la importancia de ser pacientes en grupo.

⭐ Celebrar Pequeños Logros: Celebra pequeños logros individuales al esperar. Refuerza la idea de que cada niño contribuye al éxito del grupo.

¿Qué aprendimos?

Hoy nos convertimos en maestros de la paciencia al jugar y esperar nuestros turnos. Descubrimos que cada uno es especial y que esperar puede ser muy divertido.

CAPITULO 17

Construcción de Relaciones de Amistad

Objetivo
Explorar cómo establecer y mantener amistades, destacando la importancia de la empatía, la comunicación y la colaboración.

Tus amigos te nutren

¡Hola, exploradores de amistades! Hoy vamos a adentrarnos en el mundo mágico de las relaciones amistosas.

¿Listos para descubrir los secretos de la amistad?

Hola, soy la amistad

¿Por qué Construir Amistades?

La amistad es como tener un tesoro. Nuestros amigos son de nuestras más preciados regalos de la vida.

Aprendemos a construir relaciones con empatía, comunicación y colaboración.

Juego 1
Árbol de la Amistad

Crearemos un árbol donde cada cada hoja le identificas el nombres de tus amigos. Veremos cómo crece nuestro bosque de amistades.

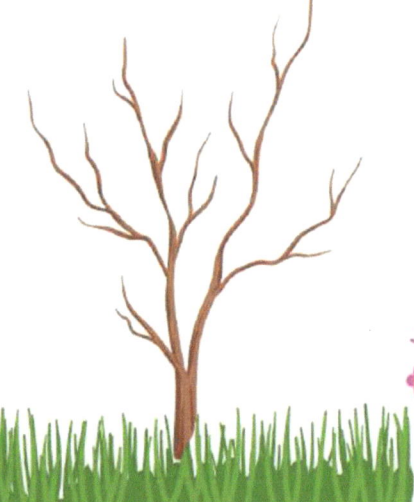

Juego 2
Roles de Amistad

Practicaremos interacciones amistosas en juegos de roles. ¡Seremos detectives de la amistad y descubriremos cómo hacer nuevos amigos!

Te daremos 5 preguntas que puedes hacer para hacer un amigo nuevo.

Nuevos Amigos

Hazle estas cinco (5) preguntas a un amigo que ya conozcas para confirmar que lo conoces bien y mantenlas presenta para hacerlas a un nuevo amigo. Si no conoces a alguien en tu salón puedes empezar a ser su amigo con estas preguntas. Recuerda siempre saludar y decir como te llamas, antes de preguntar.

1. ¿Cuál es tu juego favorito?
2. ¿Te gusta dibujar o colorear?
3. ¿Cuál es tu película favorita?
4. ¿Qué te hace reír mucho?
5. ¿Tienes alguna mascota en casa? ¿Cómo se llama?

¿Qué aprendimos?

Hoy exploramos la magia de la amistad al construir nuestro propio árbol. Aprendimos que ser buenos amigos significa escuchar, hablar y compartir intereses juntos.

Recomendaciones para el Docente:

⭐ **Fomentar la Inclusión:** Promueve la inclusión al hablar sobre cómo todos somos diferentes y únicos. Refuerza la idea de que la diversidad en la amistad es especial.

⭐ **Validar Actos Amistosos:** Valida y destaca actos amistosos durante las actividades. Refuerce la importancia de ser amables y colaborativos.

CAPITULO 18

Explorando la Gratitud y el Reconocimiento

Objetivo
Fomentar el reconocimiento de las cosas positivas en la vida y cultivar una actitud de gratitud.

Sensaciones Poderosas

¡Hola, exploradores de la gratitud! Hoy nos sumergiremos en un viaje mágico donde descubriremos las maravillas que nos rodean.

¿Listos para sentir el poder de la gratitud?

Hola, soy la plenitud

¿Por qué la Gratitud?

La gratitud es como una varita mágica que hace que todo sea más brillante.

Descubriremos cómo apreciar las pequeñas cosas y cultivar un corazón agradecido.

Juego 1
Diario de Agradecimiento

Registra a diario cosas por las que agradeces. Cada día será una nueva aventura de gratitud. Empieza y hazlo por siete 7 días aquí:

- Lunes
- Martes
- Miércoles
- Jueves
- Viernes
- Sábado
- Domingo

Juego 2
Collage de Gratitud:

Crea un collage expresando lo que te hace sentir agradecido o agradecida. ¡Será como un mapa de tesoros lleno de cosas especiales! Puedes usar revistas, impresiones o dibujos propios.

Tu Collage de Gratitud

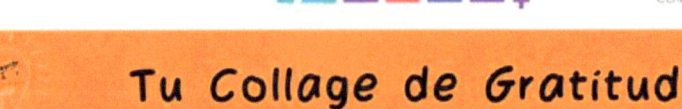

Recomendaciones para el Docente:

⭐ <u>Fomentar la Reflexión:</u> Anima a los niños a compartir lo que escribieron en sus diarios. Fomenta la reflexión sobre las cosas positivas en la vida.

⭐ <u>Celebrar Pequeños Momentos:</u> Celebra pequeños momentos de gratitud durante las actividades. Refuerce la idea de que apreciar las pequeñas cosas hace la vida más hermosa.

¿Qué aprendimos?

Hoy exploramos el poder de la gratitud al escribir en nuestros diarios y crear collages. Descubrimos que hay cosas increíbles a nuestro alrededor para agradecer.

CAPITULO 19

Manejo de la Impaciencia

Objetivo
Enseñar estrategias específicas para manejar la impaciencia y esperar de manera más efectiva.

Esperar trae sorpresas

Hola, soy la espera

¡Hola, superhéroes de la paciencia! Hoy vamos a descubrir cómo vencer a la impaciencia y hacer que cada momento sea especial.

¿Listos para ser maestros de la espera?

¿Por qué gestionar la impaciencia?

La impaciencia es como un dragón pequeño dentro de nosotros, pero podemos domarlo.

Descubriremos estrategias mágicas para esperar de manera tranquila.

Juego 1
Canción de Espera

Cada uno creará una canción sobre la paciencia y esperar de manera positiva. ¡Será como tener nuestra propia banda de la paciencia!

Juego 2
Juegos de Espera

Será emocionante y divertido mientras practicamos la paciencia.

1. Siembra una semilla de poroto, alubia, frijol, habichuelas o caraotas. Cuenta en cuantos días sale la primera hoja y registra el número aquí.

Días:

Colorea al detalle

Recomendaciones para el Docente:

⭐ <u>Fomentar Estrategias Creativas:</u> Anima a los niños a compartir sus canciones y estrategias para esperar. Fomenta la creatividad en la gestión de la impaciencia.

⭐ <u>Celebrar Momentos de Calma:</u> Celebra pequeños momentos de calma durante las actividades. Refuerza la idea de que la paciencia trae alegría.

¿Qué aprendimos?

Hoy nos convertimos en superhéroes de la paciencia al crear canciones y jugar. Aprendimos que la impaciencia puede ser vencida con estrategias mágicas.

CAPITULO 20

Desarrollo de la Escucha Activa

Objetivo
Promover la habilidad de escuchar activamente, lo que contribuye a una comunicación más efectiva y a relaciones más sólidas.

Un secreto importante

¡Hola, oyentes activos! Hoy nos embarcaremos en una aventura auditiva donde aprenderemos el arte de la escucha activa.

¿Listos para convertirse en súper escuchas?

Hola, soy la escucha

¿Por qué Escuchar Activamente?

La escucha activa es como tener superpoderes de entendimiento.

Descubriremos cómo escuchar es la clave para construir relaciones fuertes.

Juego 1
Cuentacuentos Participativo

Participaremos en cuentacuentos y discutiremos sobre la historia. Seremos parte de la aventura y aprenderemos a escuchar con el corazón. La Historia inicia así:

En un planeta lejano vivían los "Chamufletos" una especie diferente que vivía así...

Continúa la historia cada uno.

Juego 2
Imitación Sonora

Cada uno emitirá un sonido y los demás imitaran los sonidos y mejoraremos la atención auditiva.

¡Será como tener nuestro propio concierto de sonidos divertidos!

Colorea al detalle

Recomendaciones para el Docente:

⭐ <u>Fomentar Estrategias Creativas:</u> Anima a los niños a compartir sus canciones y estrategias para esperar. Fomenta la creatividad en la gestión de la impaciencia.

⭐ <u>Celebrar Momentos de Calma:</u> Celebra pequeños momentos de calma durante las actividades. Refuerza la idea de que la paciencia trae alegría.

¿Qué aprendimos?

Hoy nos convertimos en súper escuchas al participar en cuentacuentos y juegos auditivos. Aprendimos que escuchar activamente nos hace héroes de la comunicación.

CAPITULO 21

Expresar y Comunicar Emociones

Objetivo
Guiar sobre cómo expresar emociones de manera saludable y comunicarlas de manera efectiva a los demás.

El mundo emocional

¡Hola, artistas emocionales! Hoy nos convertiremos en expertos en expresar y comunicar nuestras emociones de forma creativa y divertida.

¿Listos para descubrir el mundo mágico de las emociones?

Hola, soy la emoción

¿Por qué es Importante Expresar Emociones?

Expresar nuestras emociones es como contar una historia sobre cómo nos sentimos.

Descubriremos cómo colorear el mundo con nuestras emociones.

Juego 1
Cuentacuentos Participativo

Colorearemos caritas representando diferentes emociones. Cada carita será única, ¡como nosotros!

Juego 2
Dibujo de Sentimientos

Crearemos un dibujo que exprese una emoción específica. Será como contar una historia sin palabras.

Escoge la emoción que dibujarás. Escríbela aquí:

Dibujo de sentimientos

Recomendaciones para el Docente:

⭐ Fomentar la Comunicación: Anima a los niños a compartir sus dibujos y explicar cómo se sienten. Fomenta un ambiente de apertura emocional.

⭐ Celebrar la Diversidad Emocional: Valida la diversidad de emociones representadas. Refuerza la idea de que todas las emociones son válidas.

¿Qué aprendimos?

Hoy nos convertimos en artistas emocionales al colorear y dibujar nuestras emociones. Aprendimos que cada emoción es especial y que podemos compartirlas de manera creativa.

CAPITULO 22

Afrontando el Miedo a Equivocarse

Objetivo
Ayudar a los niños a enfrentar y superar el miedo al error, fomentando una mentalidad de aprendizaje positiva.

El poder del error

Hola, soy el error

¡Hola, valientes exploradores! Hoy nos embarcaremos en una aventura para vencer al miedo y abrazar nuestros errores.

¿Listos para descubrir el poder de aprender?

¿Por qué Afrontar el Miedo al Error?

Afrontar el miedo al error es como volar alto en un globo. Descubriremos que nuestros errores son oportunidades para aprender y crecer.

Detrás de cada acción que pensamos nos equivocamos, estamos aprendiendo.

Juego 1

Secuencias

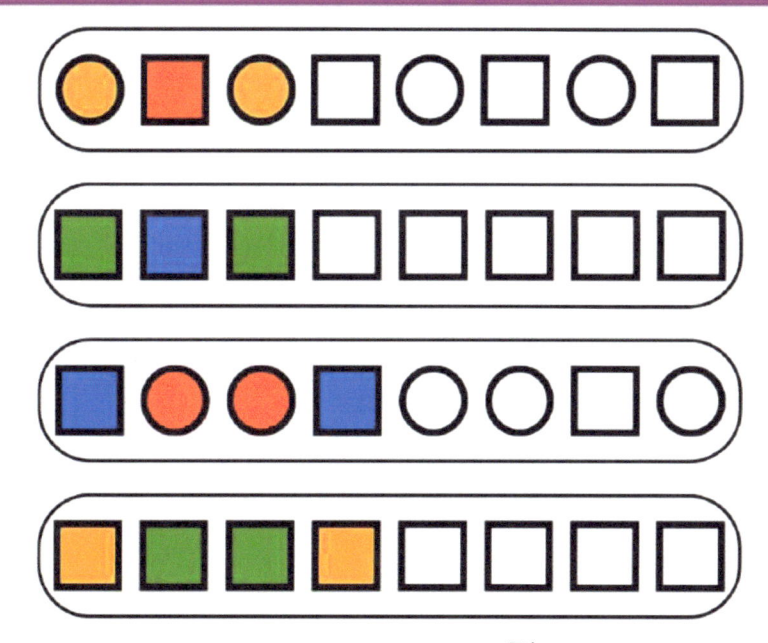

Juego 2

Registro de Errores

Escribe 3 cosas en los que hayas cometido algún error. Puede ser cualquier experiencia.

1

2

3

Continúa el patrón de cada secuencia coloreando y verificando si en algún caso pudieras darte cuenta de algún error.

Correcciones y Aprendizajes

Algo que no nos salió a la primera vez o a la segunda, nos puede salir bien si practicamos. Simplemente aprendemos vías que vamos a evitar. Practica tus trazos acá:

Recomendaciones para el Docente:

⭐ Fomentar la Resiliencia: Anima a los niños a compartir cómo se sintieron al enfrentar errores. Fomenta la resiliencia y la positividad ante los desafíos.

⭐ Celebrar los Intentos: Celebra los intentos y esfuerzos de los niños. Refuerza la idea de que aprender es un proceso lleno de descubrimientos.

¿Qué aprendimos?

Hoy nos convertimos en valientes exploradores al enfrentar nuestros miedos y aprender del error. Descubrimos que cada error es una oportunidad para crecer.

CAPITULO 23

Fomentar la Inclusión y la Diversidad

Objetivo

Explorar la importancia de la inclusión y la apreciación de la diversidad en el entorno escolar y social.

Hola, soy la diversidad

El poder del error

¡Hola, amigos de la diversidad! Hoy nos sumergiremos en un viaje mágico donde celebraremos nuestras diferencias y aprenderemos a ser inclusivos.

¿Listos para explorar el mundo de la diversidad?

¿Por qué es Importante la Inclusión y la Diversidad?

La diversidad es como un arcoíris lleno de colores brillantes. Descubriremos cómo cada uno aporta su propio color a nuestro mundo.

Todos somos diferentes y todos somos importantes.

Juego 1

Collage de Diversidad

Crea un collage representando diferentes culturas y personas. Cada pieza del collage será única y especial. Busca a niño y personas de diferentes culturas. Cada uno será diferente.

Juego 2

El juego de la inclusión

La inclusión es la la igualdad de oportunidades para todos, sin importar la raza, el género, la discapacidad o la edad.

En la siguiente página dibuja a tres amigos o compañeros de clases.

Recuerda resaltar a cada uno con sus diferencias y características que los hace únicos.

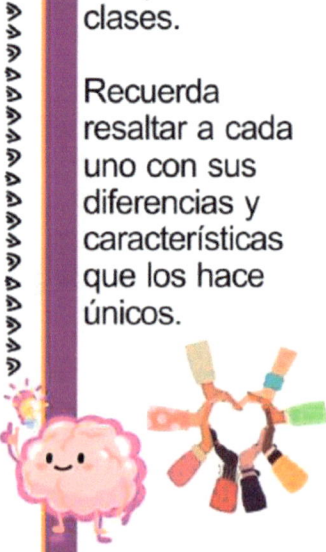

Dibuja a 3 amigos

Recomendaciones para el Docente:

⭐ Fomentar el Respeto: Anima a los niños a compartir sus experiencias durante las actividades. Fomenta el respeto hacia las diferencias y la inclusión.

⭐ Celebrar la Unicidad: Celebra la unicidad de cada niño. Refuerza la idea de que nuestras diferencias hacen que el mundo sea más interesante.

¿Qué aprendimos?

Hoy celebramos la diversidad al crear collages y jugar juntos. Aprendimos que cada uno es especial y que la inclusión hace que nuestro mundo sea más hermoso.

CAPITULO 24

Reconocimiento de Emociones: Alegría

Objetivo
Identificar y comprender la emoción de la alegría, explorando cómo expresarla y compartirla con los demás.

Contagiemos alegría

Hola, soy la alegría

¡Hola alegrías!
Hoy nos sumergiremos en el mundo brillante de la alegría y aprenderemos a compartir nuestra luz con los demás. Como los rayos del sol.

¿Listos para explorar emociones radiantes?

¿Por qué es Importante Reconocer la Alegría?

La alegría es como una chispa mágica que ilumina nuestro día.

Descubriremos cómo compartir la alegría hace que todos a nuestro alrededor sonrían.

Juego 1
Baile de la Alegría 

Identificaremos canciones alegres que nos proporcionan felicidad y las compartiremos con nuestros compañeros. ¡Será como tener nuestro propio carnaval de la felicidad!. Menciona tus canciones favoritas

_____

_____

_____

Juego 2
Cuadro de Alegría

Crearemos un cuadro que represente momentos alegres.

Cada niño añadirá su toque especial al cuadro de la alegría.

Cuadro de Alegría Personal

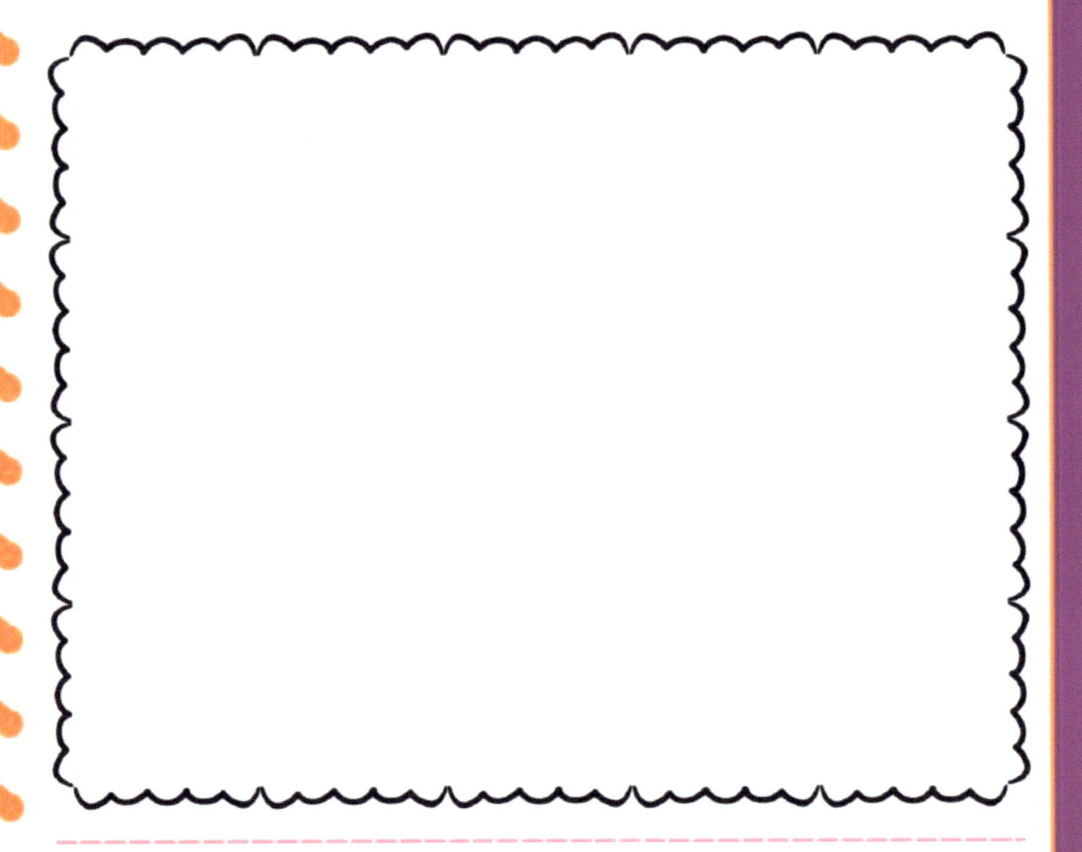

¿Qué aprendimos?

Hoy nos convertimos en rayos de sol al bailar y pintar momentos alegres. Aprendimos que la alegría es contagiosa y que podemos compartirla con el mundo.

Recomendaciones para el Docente:

⭐ **Fomentar la Expresión Creativa:** Anima a los niños a expresar cómo se sienten al bailar y pintar. Fomenta la creatividad y la expresión emocional.

⭐ **Celebrar la Alegría Compartida:** Celebra los momentos alegres que los niños comparten. Refuerza la idea de que la alegría se multiplica cuando la compartimos.

CAPITULO 25

Gestión de la Vergüenza y la Culpa

Objetivo
Desarrollar estrategias para gestionar la vergüenza y la culpa, promoviendo un entendimiento saludable de estas emociones.

El poder del perdón

Hola, soy la vergüenza

¡Hola, artistas del perdón!
Hoy exploraremos emociones que nos hacen más fuertes y aprenderemos a gestionar la vergüenza y la culpa con creatividad.

¿Listos para convertirnos en surfistas emocionales?

¿Por qué es Importante Gestionar la Vergüenza y la Culpa?

Manejar la vergüenza y la culpa es como ser un héroe que supera desafíos.

Descubriremos cómo el perdón y la superación nos hacen más fuertes y nos convierte en superhéroes personales.

Juego 1
Dibujo de las Disculpas

Crearemos un dibujo sobre disculparse para comprender la culpa y la redención. Cada niño dibujará su propio camino de superación. Recuerda algún momento en el que hiciste algo que te dio vergüenza y pediste disculpa porque no quisiste hacerlo. Haz un dibujo de esa historia.

Juego 2
Juego de Superación

ser héroes emocionales es saber que si algo nos avergüenza podemos resolverlo y si hicimos algo sin querer también.

El monstruo avergonzado

Completa el dibujo y coloréalo

Recomendaciones para el Docente:

⭐ <u>Fomentar la Empatía:</u> Anima a los niños a compartir sus dibujos y experiencias. Fomenta la empatía y el apoyo emocional entre los compañeros.

⭐ <u>Celebrar la Superación Personal:</u> Celebra los esfuerzos de los niños en superar emociones difíciles. Refuerza la idea de que todos tienen el poder de superarse a sí mismos.

¿Qué aprendimos?

Hoy nos convertimos en artistas del perdón al dibujar y jugar juntos. Aprendimos que manejar la vergüenza y la culpa nos hace más fuertes y valientes.

CAPITULO 26

Compartir Emociones con Adultos de Confianza

Objetivo
Fomentar la apertura emocional y la comunicación con adultos de confianza, creando un ambiente de apoyo emocional.

Comunicar emociones

Hola, soy la comunicación

¡Hola, pequeños comunicadores emocionales!
Hoy exploraremos cómo compartir nuestros sentimientos con adultos de confianza puede hacer que nos sintamos aún más fuertes.

¿Listos para abrir vuestros corazones?

¿Por qué es importante compartir sentimientos?

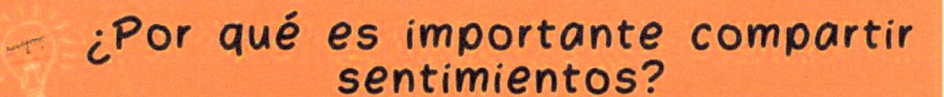

Compartir nuestros sentimientos es como darle luz a una linterna en la oscuridad

Descubriremos cómo adultos de confianza pueden ayudarnos a brillar.

Juego 1
Entrevista Emocional

Realizaremos entrevistas emocionales para compartir cómo nos sentimos. Cada niño será entrevistador y entrevistado.

Nombre:
Emociones:

Nombre:
Emociones:

Juego 2
Carta de Agradecimiento

Escribiremos cartas expresando emociones y agradecimiento a adultos de confianza.

¡Será como enviar mensajes de cariño!

Carta o dibujo a un Adulto de Confianza

¿Qué aprendimos?

Hoy nos convertimos en pequeños comunicadores al compartir emociones. Aprendimos que adultos de confianza están aquí para escucharnos y apoyarnos.

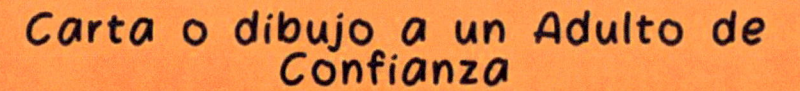

Recomendaciones para el Docente:

⭐ Fomentar la Confianza: Anima a los niños a hablar sobre sus entrevistas. Fomenta un ambiente de confianza y apoyo emocional.

⭐ Celebrar la Comunicación Abierta: Celebra los esfuerzos de los niños al expresar sus emociones. Refuerza la idea de que la comunicación abierta es valiente y poderosa.

CAPITULO 27

Exploración de la Paciencia en la Amistad

Objetivo
Entender la importancia de la paciencia en el contexto de las relaciones amistosas.

Cuidar la amistad

Hola, soy tu amigo

¡Hola, amigos pacientes!

Hoy exploraremos cómo la paciencia hace que nuestras amistades sean aún más especiales.

¿Listos para descubrir el arte de ser pacientes juntos?

¿Por qué es Importante la Paciencia en la Amistad?

La paciencia es como sembrar semillas que crecerán para que nuestras amistades fuertes.

Descubriremos cómo esperar nos hace mejores amigos.

Juego 1

Bonny Pacienton

Bonny es un conejo que tiene muchos amigos. El siempre toma en cuenta lo que sus amigos dicen y los escucha atentamente, presta sus juguetes sin discutir por un tiempo determinado y comparte alegremente. Incluso espera su turno en el parque para montarse en los juegos. Colorea a Bonny, a su amigo y las figuras según el color indicado

Juego 2

Cuento de la Paciencia

Crearemos cuentos grupales cuentos que resalten la importancia de la paciencia.

Será como viajar a mundos donde la paciencia es un tesoro.

Dibuja la historia del Cuento Grupal

Recomendaciones para el Docente:

⭐ <u>Fomentar la Colaboración:</u> Anima a los niños a hablar sobre juegos de paciencia. Fomenta la colaboración y el aprecio por la paciencia en el grupo.

⭐ <u>Celebrar la Amistad Duradera:</u> Celebra la paciencia demostrada en las actividades. Refuerza la idea de que ser pacientes hace que las amistades sean más fuertes.

¿Qué aprendimos?

Hoy nos convertimos en amigos pacientes al jugar y aprender juntos. Aprendimos que la paciencia es clave para construir amistades duraderas.

CAPITULO 28

Fomentar la Responsabilidad Personal

Objetivo

Enseñar sobre la importancia de asumir responsabilidad personal en acciones y decisiones.

Ser Valientes

¡Hola, pequeños responsables!

Hoy exploraremos cómo ser responsables nos hace más fuertes y valientes.

¿Listos para asumir el desafío de la responsabilidad?

Hola, soy la respnsabilidad

¿Por qué es Importante la Responsabilidad Personal?

La responsabilidad es como ser el capitán de nuestro propio barco.

Descubriremos cómo tomar decisiones nos hace líderes de nuestras vidas.

Juego 1
Tablero de Responsabilidades

Crearemos un tablero con tareas y responsabilidades diarias. Cada niño será el líder de su propio tablero. Mencionamos algunas actividades de ejemplo. Escribe las tuyas personalizadas

Terminar la tarea • Poner la mesa • Alimentar al perro
Ayudar a preparar la cena • Lavar los platos

RESPONSABILIDADES

Juego 2
Juego de Decisiones

Tienes varias situaciones escoge que decisiones tomarías tú:

1

o

Juego de Decisiones

2

o

3

o

¿Qué aprendimos?

Hoy nos convertimos en pequeños líderes al asumir responsabilidades. Aprendimos que ser responsables nos hace más fuertes y capaces.

Recomendaciones para el Docente:

⭐ Fomentar la Autonomía: Anima a los niños a hablar sobre sus tableros de responsabilidades. Fomenta la autonomía y el orgullo por las decisiones tomadas.

⭐ Celebrar la Toma de Decisiones: Celebra los esfuerzos de los niños al asumir responsabilidades. Refuerza la idea de que cada decisión nos acerca a ser mejores personas.

CAPITULO 29

Reconocimiento de Emociones: Sorpresa

Objetivo

Identificar y comprender la emoción de la sorpresa, explorando cómo manejarla y disfrutar de nuevas experiencias.

Vivir Sorprendiendonos

¡Hola, exploradores de sorpresas!

Hoy exploraremos cómo la sorpresa hace que la vida sea emocionante.

¿Listos para descubrir nuevas emociones juntos?

Hola, soy la sorpresa

¿Por qué es Importante Reconocer la Sorpresa?

La sorpresa es como abrir regalos cada día.

Descubriremos cómo disfrutar de lo inesperado nos hace aventureros emocionales.

Juego 1

Caja de Sorpresas:

Vas a crear una caja de sorpresas para sorprender a familiares y amigos. Dibuja 5 objetos que estarán en tu caja de sorpresas. Escribe al lado porqué lo escogiste.

Juego 2

Dibujo de Sorpresas

Crea un dibujo que represente una situación sorprendente. Dibujarás tu propia escena de asombro, lo que haya sido más representativo para ti.

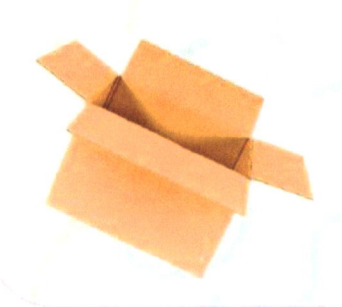

Escena de Asombro

Recomendaciones para el Docente:

⭐ Fomentar la Creatividad: Anima a los niños a compartir sus dibujos y experiencias. Fomenta la creatividad y la apreciación por lo inesperado.

⭐ Celebrar la Asombro: Celebra las expresiones de sorpresa de los niños. Refuerza la idea de que cada sorpresa nos brinda una nueva aventura.

¿Qué aprendimos?

Hoy nos convertimos en exploradores de sorpresas al abrir cajas misteriosas y dibujar emociones asombrosas. Aprendimos que la sorpresa hace que cada día sea único.

CAPITULO 30

Aprender a Dar y Recibir Retroalimentación

Objetivo
Desarrollar habilidades para dar y recibir retroalimentación de manera constructiva, promoviendo un ambiente de aprendizaje positivo.

Intercambios de Poder

¡Hola, constructores de aprendizaje positivo!

Hoy exploraremos cómo dar y recibir retroalimentación nos hace mejores. ¿Listos para construir un ambiente de apoyo mutuo?

Hola, soy el feedback

¿Por qué es Importante la Retroalimentación Constructiva?

La retroalimentación es como un faro que nos guía hacia el crecimiento.

Descubriremos cómo construir juntos nos hace más fuertes.

Juego 1
Retroalimentación Circular

Vamos a darnos retroalimentación. ¡Será como un juego de construcción donde todos aportamos! Hagan un circulo y giren sus cuadernos, cada compañero dibujará un símbolo para tu collage. Al Final tendrás un dibujo de lo que representas para tus compañeros. Puedes preguntar luego el significado de alguno que no entiendas.

Juego 2
Tarjetas de Retroalimentación

Crearemos tarjetas para dar retroalimentación positiva a nuestros compañeros. Cada niño será un constructor de elogios.

Tu Retroalimentación

Dibuja o escribe una muy buena cualidad tuya

Dibuja o escribe algo que puedas mejorar

¿Qué aprendimos?

Hoy nos convertimos en constructores de aprendizaje al dar y recibir retroalimentación. Aprendimos que construir juntos nos hace crecer más alto.

Recomendaciones para el Docente:

⭐ <u>Fomentar la Colaboración:</u> Anima a los niños a hablar sobre las tarjetas de retroalimentación. Fomenta la colaboración y el aprecio por los esfuerzos de los demás.

⭐ <u>Celebrar el Aprendizaje Colectivo:</u> Celebra la participación y el apoyo mutuo. Refuerza la idea de que todos contribuyen al aprendizaje positivo del grupo.

CAPITULO 31

Gestión de la Envidia y los Celos

Objetivo

Enseñar estrategias para gestionar la envidia y los celos, fomentando la comprensión y la empatía.

Respira y Observa bien

¡Hola, exploradores emocionales!

Hoy exploraremos cómo gestionar la envidia y los celos nos hace más fuertes y comprensivos.

¿Listos para descubrir cómo podemos celebrar nuestras diferencias?

Hola, soy el celo

¿Por qué es Importante gestionar la Envidia y los Celos?

La envidia y los celos son como nubes grises, pero aprenderemos a dispersarlas y dejar que el sol de la amistad brille.

Es como si quisiéramos algo de otra persona y dejamos de ver lo que tenemos.

Juego 1
Juego de Perspectivas

Tienes aquí dos dibujos que permiten ver diferentes cosas. Identifica que ves primero en cada imagen y luego pregun tale a tu amigo si vió algo diferente ¡Será como ver el mundo desde los ojos de nuestros amigos!

1

2

Juego 2
Collage de Amistad

Crearemos collages sobre la importancia de la amistad. Cada niño lo construirá con imágenes que representen la diversidad y la celebración de nuestras diferencias.

Collage de la Amistad

Recomendaciones para el Docente:

⭐ **Fomentar la Comunicación Abierta:** Anima a los niños a hablar sobre las diferentes perspectivas. Fomenta la comunicación abierta y el respeto por las experiencias de los demás.

⭐ **Celebrar la Diversidad:** Celebra la creatividad de los niños al crear collages. Refuerza la idea de que la diversidad es algo hermoso que nos enriquece.

¿Qué aprendimos?

Hoy nos convertimos en exploradores de la empatía al entender y manejar la envidia y los celos. Aprendimos que celebrar nuestras diferencias nos hace más fuertes juntos.

CAPITULO 32

Promoción de la Autorregulación Emocional

Objetivo
Consolidar y reforzar la capacidad de autorregulación emocional, integrando las habilidades aprendidas en situaciones cotidianas

Emociones Amigas

¡Hola, maestros de nuestras emociones!

Hoy exploraremos cómo ser dueños de nuestras emociones nos hace líderes de nuestras vidas.

¿Listos para convertirse en expertos en autorregulación emocional?

Hola, soy la autorregulación

ProIDEhA
Centro de Desarrollo de Habilidades

¿Por qué es Importante la Autorregulación Emocional?

La autorregulación es como ser el director de nuestra propia película.

Aprenderemos a gestionarr nuestras emociones y ser héroes de nuestras vidas diarias.

Juego 1
Rutina Emocional Diaria

Estableceremos una rutina de verificación emocional diaria. Cada niño compartirá cómo se siente cada día y cómo le gustaría cambiar esa emoción. Identificando la actividad especifica que le gustaría hacer. Ya esto lo practicamos en el Capítulo 7.

Día				
Lunes	😮	😞	😠	😆
Martes	😮	😞	😠	😆
Miércoles	😮	😞	😠	😆
Jueves	😮	😞	😠	😆
Viernes	😮	😞	😠	😆

Humor
- Alegre
- Triste
- Bravo
- Entusiasmado

Juego 2
Roles Cotidianos

Practicaremos situaciones cotidianas aplicando autorregulación emocional.

¡Será como un juego de roles donde cada niño es el héroe de su propia historia!

ProIDEhA
Centro de Desarrollo de Habilidades

Dibuja tu día y cómo te sientes

Recomendaciones para el Docente:

⭐ <u>Fomentar la Reflexión:</u> Anima a los niños a reflexionar sobre sus rutinas emocionales. Fomenta la autoconciencia y la capacidad de tomar decisiones emocionalmente inteligentes.

⭐ <u>Celebrar el Crecimiento Personal:</u> Celebra los esfuerzos de los niños al practicar la autorregulación emocional. Refuerza la idea de que cada paso hacia el control emocional es un logro personal.

¿Qué aprendimos?

Hoy nos convertimos en expertos en autorregulación emocional al establecer rutinas diarias y practicar nuestras habilidades en la vida cotidiana. Aprendimos que ser dueños de nuestras emociones nos hace líderes valientes.

Glosario de Términos Socioemocionales

Emociones:
Son sentimientos que experimentamos, como la felicidad, la tristeza, el enojo y el miedo.

Empatía:
Comprender y compartir los sentimientos de otras personas, poniéndose en su lugar.

Colaboración:
Trabajar juntos con otros niños para lograr algo, compartiendo ideas y esfuerzos.

Autogestión:
Entender y manejar nuestras propias emociones, tomando decisiones positivas.

Liderazgo:
Ser un buen ejemplo, comunicarse bien y trabajar en equipo para lograr metas comunes.

Paciencia:
Esperar de manera tranquila y positiva, especialmente cuando las cosas toman tiempo.

Glosario de Términos Socioemocionales

Empowerment (Empoderamiento):
Sentirse fuerte y capaz, sabiendo que podemos enfrentar desafíos y aprender de ellos.

Inclusión:
Aceptar y valorar a todos, celebrando las diferencias y haciendo que todos se sientan parte del grupo.

Gratitud:
Sentirse agradecido por las cosas buenas en la vida y expresar esa gratitud.

Autorregulación:
Identificar y gestionar nuestras propias emociones de manera positiva y constructiva.

Resiliencia:
Ser capaz de enfrentar y superar desafíos, aprendiendo de las experiencias difíciles.

Comunicación Activa:
Escuchar atentamente y expresar nuestras ideas y sentimientos de manera clara y respetuosa.

Glosario de Términos Socioemocionales

Celebración de Logros:
Reconocer y alegrarse por los éxitos propios y de los demás, cultivando un ambiente positivo.

Culpa y Perdón:
Reconocer cuando hemos cometido un error, pedir disculpas y perdonar a los demás.

Amistad:
Relación especial basada en el respeto, la confianza y el apoyo mutuo.

Retroalimentación Positiva:
Comentarios que resaltan lo positivo y ayudan a mejorar, construyendo un ambiente de aprendizaje positivo.

Diversidad:
Reconocer y apreciar las diferencias en las personas, como la cultura, la apariencia y las habilidades.

Aprendizaje Positivo:
Ver los errores como oportunidades para aprender y mejorar, promoviendo una mentalidad positiva.

Conclusión

¡Felicidades, pequeños líderes en formación!

Hemos recorrido juntos un emocionante viaje de autodescubrimiento y crecimiento personal.

En cada página de este libro, han explorado habilidades importantes que les ayudarán a brillar tanto en la escuela como en la vida cotidiana.

Recuerden siempre que cada uno de ustedes es único y valioso. Tienen dentro de ustedes un poderoso potencial para marcar una diferencia en el mundo que les rodea.

Al desarrollar habilidades de autogestión y liderazgo, están construyendo un camino hacia el éxito y la felicidad.

No olviden que el liderazgo comienza desde adentro. Sean siempre amables, compasivos y valientes en todo lo que hagan.

Sean valientes para enfrentar los desafíos, humildes para aprender de los errores y generosos para compartir su conocimiento con los demás.

El futuro les pertenece, queridos líderes. ¡Vayan y brillen con todo su esplendor!

Referencias Bibliográficas

- Goleman, D. (1995). Inteligencia emocional. Barcelona: Kairós.

- Brackett, M. A. (2019). Permission to Feel: Unlocking the Power of Emotions to Help Our Kids, Ourselves, and Our Society Thrive. Celadon Books.

- Salovey, P., & Mayer, J. D. (1990). Emotional intelligence. Imagination, Cognition and Personality, 9(3), 185-211.

- Brackett, M. A., Rivers, S. E., & Salovey, P. (2011). Emotional intelligence: Implications for personal, social, academic, and workplace success. Social and Personality Psychology Compass, 5(1), 88-103.

- Dweck, C. S. (2006). Mindset: The New Psychology of Success. Ballantine Books.

- Siegel, D. J., & Bryson, T. P. (2012). The Whole-Brain Child: 12 Revolutionary Strategies to Nurture Your Child's Developing Mind. Bantam.

- Gottman, J. M., & Gottman, J. S. (1999). The Seven Principles for Making Marriage Work. Harmony.

- Brown, B. (2010). The Gifts of Imperfection: Let Go of Who You Think You're Supposed to Be and Embrace Who You Are. Hazelden Publishing.

- Shapiro, L. E., & White, R. (2014). Mindful Discipline: A Loving Approach to Setting Limits and Raising an Emotionally Intelligent Child. New Harbinger Publications.

- Mogel, W. (2002). The Blessing of a Skinned Knee: Using Jewish Teachings to Raise Self-Reliant Children. Scribner.

Referencias Bibliográficas

- Greene, R. W. (2014). The Explosive Child: A New Approach for Understanding and Parenting Easily Frustrated, Chronically Inflexible Children. Harper Paperbacks.

Estas referencias ofrecen una amplia variedad de perspectivas y enfoques sobre las habilidades blandas y la inteligencia emocional en el contexto de la crianza y el desarrollo personal. Cada uno de estos libros puede brindar valiosos conocimientos y herramientas para enriquecer tu experiencia como padre o madre comprometido con el crecimiento y el bienestar emocional de tus hijos.

Encuesta de Satisfacción

ProIDEhA
Centro de Desarrollo de Habilidades

	ALTAMENTE SATISFECHA/O	SATISFECHA/O	NEUTRAL	INSATISFECHO	ALTAMENTE INSATISFECHO
VALOR DEL CONTENIDO	○	○	○	○	○
UTILIDAD	○	○	○	○	○
PRESENTACIÓN	○	○	○	○	○
CREATIVIDAD	○	○	○	○	○

¿QUÉ PROBABILIDADES HAY DE RECOMENDAR ESTE LIBRO?

BAJA ○ 1 ○ 2 ○ 3 ○ 4 ○ 5 ○ 6 ○ 7 ○ 8 ○ 9 ○ 10 ALTA

¿CÓMO TE SIENTES EN GENERAL CON LO APRENDIDO EN EL LIBRO?

¿QUIERES DEJARNOS UN COMENTARIO O SUGERENCIA?

_____
_____

COMPARTENOS ESTA IMAGEN EN NUESTRAS REDES SOCIALES, ES IMPORTANTE PARA NOSOTROS MANTENER LA COMUNICACIÓN EFECTIVA @PROIDEHA

Para padres y docentes
Conectemos profesionalmente

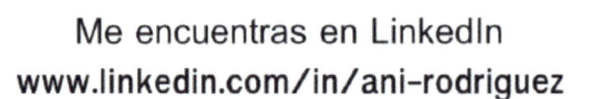

Me encuentras en LinkedIn
www.linkedin.com/in/ani-rodriguez

Si te ha gustado este contenido te invito a ver la Masterclass "Las 3 mentiras de las emociones que están dañando tu vida y tus relaciones"

Ver Masterclass AHORA

SCAN ME

Educación socioemocional para tus niños

Si te ha gustado este libro de ejercicios debes conocer el Libro Watashi que está dirigido a niños de 6 a 12 y posee la misma línea de enseñanza de "ejercicios prácticos" para desarrollar habilidades del siglo XXI.

Aprobado por el MEDUCA
Ministerio de Educación de Panamá

Si quieres que tu hijo reciba el entrenamiento de cada actividad del libro Watashi de la mano de facilitadores ProIDEhA®, ¡somos tu aliado! Tienes a tu disposición la Plataforma Educativa

Conocer Plataforma AHORA

Made in the USA
Columbia, SC
06 April 2025